丛书主编 虞永平 张斌　副主编 沈文嫣

笋儿尖尖

南京市太平巷幼儿园
杨 洋　胡思彤 著

南京师范大学出版社
NANJING NORMAL UNIVERSITY PRESS

图书在版编目（CIP）数据

笋儿尖尖 / 杨洋，胡思彤著 . -- 南京：南京师范大学出版社，2020.7
（从课程资源到儿童经验丛书 / 虞永平，张斌主编）
ISBN 978-7-5651-4680-0

Ⅰ.①笋… Ⅱ.①杨… ②胡… Ⅲ.①活动课程 - 学前教育 - 教学参考资料　Ⅳ.① G613.7

中国版本图书馆 CIP 数据核字（2020）第 124280 号

书　　名	笋儿尖尖
丛 书 名	从课程资源到儿童经验丛书
作　　者	杨　洋　胡思彤
丛书主编	虞永平　张　斌
副 主 编	沈文嫣
策划编辑	万　斌
责任编辑	张　莉
出版发行	南京师范大学出版社
地　　址	江苏省南京市玄武区后宰门西村 9 号（邮编：210016）
电　　话	（025）83598919（总编办）　83598412（营销部）　83598312（邮购部）
网　　址	http://press.njnu.edu.cn
电子信箱	nspzbb@njnu.edu.cn
照　　排	南京凯建文化发展有限公司
印　　刷	江阴金马印刷有限公司
开　　本	889 毫米 ×1194 毫米　1/20
印　　张	5
字　　数	95 千
版　　次	2020 年 7 月第 1 版　2020 年 7 月第 1 次印刷
书　　号	ISBN 978-7-5651-4680-0
定　　价	48.00 元
出 版 人	张志刚

南京师大版图书若有印装问题请与销售商调换
版权所有　侵犯必究

总　序

"从课程资源到儿童经验丛书"是我们在"幼儿园课程资源丛书"的基础上，对"课程资源的开发与利用"这一看似老生常谈的话题的延续和提升。

说延续，是因为在与众多幼儿园进行课程研究的过程中，我们深感幼儿园面临一个共同的问题——支撑课程运行要依靠什么？我们发现，答案是资源。今天，越来越多的幼儿教育工作者已经逐步形成了课程资源意识，搜集、整理、发掘和利用课程资源成为幼儿园课程建设工作的关键动作。然而，要让课程真正有效地促动幼儿的发展，"物质"形态的课程必须最终转化为"精神"形态的幼儿经验，就是要引导幼儿利用资源"学习"起来。因此，对于某一类型的课程资源整体化的研究就显得宽度有余而深度不足了，有必要继续对"如何用好资源"这个话题进行具体深入、丝丝入扣、关注过程的研究。

说提升，是因为丛书意图以小见大、举一反三，通过向广大读者生动讲述幼儿园利用某一具体课程资源的真实故事，呈现相对完整的幼儿经验建构的历程，帮助大家戴上通过"活动行为"看到"儿童经验"的眼镜，从而在"能用资源组织幼儿活动"的阶梯上更上一层，达到"借助资源有意识地促成幼儿发展"的水平。

基于此，丛书两年多来的筹备并不仅仅是一个写作的历程，更是我们与众多作者进行协同研究的过程。其间，一些关乎课程资源利用的原则和策略逐渐浮出或被反复提及，这里择其重点与读者们分享。

一是要坚持"让幼儿行动"，构建真实的课程。经验产生于主体与外部世界的相互作用，通俗地说就是只有支持幼儿拿资源"做事"，才有可能将课程资源转化为儿童的经验。"做事"会给幼儿带来一连串充满疑问、挑战、机会、兴奋、惊喜、沮丧、等待、满足、失落等等的体验，带来高品质的学习。要践行这个原则，请教师务必多动脑少动手，把"做事"的机会归还给幼儿，把课程决策权适度让渡给幼儿。在面对资源的时候，我们建议教师稍微"懒"一点，对于诸如"这个资源可以做什么？""这个资源应该怎么玩？"之类的问题，您不可能也没必要做出完美的设计和回答，而幼儿有意义的经验建构恰恰就蕴含在他们对这些问题的探索和回答中。请和幼儿一起商量，允许他们发表意见，认真、严肃地对待这些意见；请和幼儿一起摸索，与他们在研究某个资源的道路上并肩前行；请和幼儿一起反思，或在活动开展中驻足，或待整个活动结束，带领幼儿回顾活动中的经历、收获、问题、解决方法等。这，亦是对"以幼儿为本"的立场的某种兑现。

二是教师要扮演好几个角色，即资源的提供者、经验的分享者和"麻烦"的制造者。提供资源意味着教师要将资源放置在课程的背景下进行审议，做好大致规划，例如一种资源适合投放在哪个年龄班，什么时候投放，投放多长时间，大概可能做哪些事情，需要何种场地、工具和经验准备等。对教师而言，不少资源是他们并不熟悉的，所以开发与利用资源的过程也是他们探索发现、直面问题、学有所得的过程，这使得教师自然成为与幼儿分享学习经验的伙伴。为了促进幼儿的有效学习，教师还需要借助课程资源为幼儿"制造麻烦"，也就是制造困难、创设问题情境，从而引起幼儿的经验冲突，激起学习动机。

三是要学深学透《3—6岁儿童学习与发展指南》（以下简称《指南》），寻找幼儿行动与关键经验之间的关联及逻辑。首先，熟记《指南》对指引教育活动大有裨益，因为只有教师树立目标意识、对关键经验敏感，才能恰当地指导幼儿。其次，要思考幼儿所做的事与《指南》中哪些表现存在联系，依据《指南》分析资源帮助幼儿获得了哪些经验。最后，活动的每一个阶段要进行幼儿经验的总结和整理，尝试理出其经验变化的头绪和过程，这有助于我们进一步理解幼儿经验建构的脉络，从而帮助幼儿实现经验的层层递进、深化、拓展和重组。

对此，丛书创造性地在课程故事记述中着重突出幼儿2—4个关键经验的建构过程，并通过"活动脉络图"和"关键经验结构图"架构出幼儿活动的线索和经验建构的线索，以便读者体会课程影响下儿童经验生长无序与有序并存的动态图景。需要强调的是，这种看似清晰的链锁式结构都产生于作者们对活动的回顾与分析，并非预先的设计——否则将违背我们"追随幼儿"的初衷。

丛书的编写得到了全国各地数十家幼儿园的积极响应，得到了南京师范大学出版社的大力支持，特别是原幼教分社万斌总编辑及各位编辑为丛书的出版付出了很多辛劳，在此致以诚挚的感谢！

幼儿园课程研究的道路漫长修远，丛书的出版既是对来时路的回望，更开启了一段新的旅程，等待你我继续携手求索！

虞永平　张斌
2019年4月

目录

- 缘起：小竹林里长竹笋了 ……001

- 活动脉络图 ……004

- 关键经验结构图 ……005

- 找个竹笋做朋友 ……006
  - 一、给竹笋做标记 ……006
  - 二、给竹笋朋友起名字 ……009

- 竹笋长高了吗？ ……014
  - 一、听，竹笋破土而出的声音 ……014
  - 二、给竹笋拍照 ……022
  - 三、参照物怎么选 ……023
  - 四、竹笋一天能长多高 ……028
  - 五、把测量结果记下来 ……032
  - 六、第二天再量 ……036

- 竹笋内部的秘密 ……042
  - 一、剥竹笋 ……042
  - 二、数笋节 ……048

● 竹笋的保护 054
　一、谁动了我的竹笋 054
　二、为什么有的竹笋会死 055
　三、护笋的方法 062
　四、俊德的竹笋保护记录 066
　五、护笋大行动 070

● 寻找竹笋的根 076
　一、接下来研究什么 076
　二、寻找挖土的工具 077
　三、挖开泥土看一看 078

● 尾声：竹笋真的长成竹子啦 084
　一、对生命和成长的感悟 084
　二、和竹子朋友告别 085

● 后记 087
　一、发现资源的价值 087
　二、幼儿的收获 088
　三、给教师的启示 089

缘起：小竹林里长竹笋了

幼儿园里有一片美丽的小竹林，天气暖和的时候，孩子们经常去小竹林散步，寻找宝贝。4月的一天，连续三天的阴雨过后，孩子们又去散步了。大伙儿还没迈进小竹林，就有眼尖的孩子叫了起来："快看，竹笋出来了！"孩子们立刻围拢了过来："真的耶，好可爱呀！""呀，这里也有呢！"于是，大家开始分散在小竹林里四处寻找，很快就发现石子路旁边、小山坡上、围墙下面到处都是。刚出来的竹笋露着尖尖的笋头，上面还沾着水珠，真是惹人怜爱。那天，孩子们一路走一路数，居然有人数出来四五十个竹笋，数到后来越数越乱，大家发现竹笋多得根本数不清。

回到班级，孩子们还是念念不忘那些竹笋，

笋子出来啦!

围着老师问这问那。"竹笋是怎么长出来的呀?""老师,这些竹笋长大后会和小竹林里的竹子一样吗?""为什么竹笋的颜色和竹子不一样啊?外面这些一层层的是什么呀?""我知道竹子是空心的,还有一节节的,那竹笋里面是什么样的呢?""竹笋这么小,它是怎么长成高高的竹子的呀?"……

中班时,班级的孩子就观察过竹笋,但那时他们只对竹笋的外在特征感兴趣。进入大班后,孩子们关注的点越来越多,为了满足他们对竹笋的兴趣,"竹笋成长记"田野主题活动开始了。围绕着孩子们提出的问题,我们开展了一系列的活动,包含粗浅的植物学常识,初步的测量、统计、数概念,以及对生命成长的情感体验等。尽管研究时快时慢、时进时退,不时发生着各种小插曲,但老师始终支持着孩子的研究,为孩子们的自主探索提供支持。

缘起：小竹林里长竹笋了

# 活动脉络图

找个竹笋做朋友
- 给竹笋朋友起名字
- 给竹笋做标记

竹笋长高了吗?
- 听,竹笋破土而出的声音
- 给竹笋拍照
- 参照物怎么选
- 竹笋一天能长多高
- 把测量结果记下来
- 第二天再量

竹笋内部的秘密
- 数笋节
- 剥竹笋

竹笋的保护
- 护笋大行动
- 俊德的竹笋保护记录
- 护笋的方法
- 为什么有的竹笋会死
- 谁动了我的竹笋

寻找竹笋的根
- 挖开泥土看一看
- 寻找挖土的工具
- 接下来研究什么

关键经验结构图

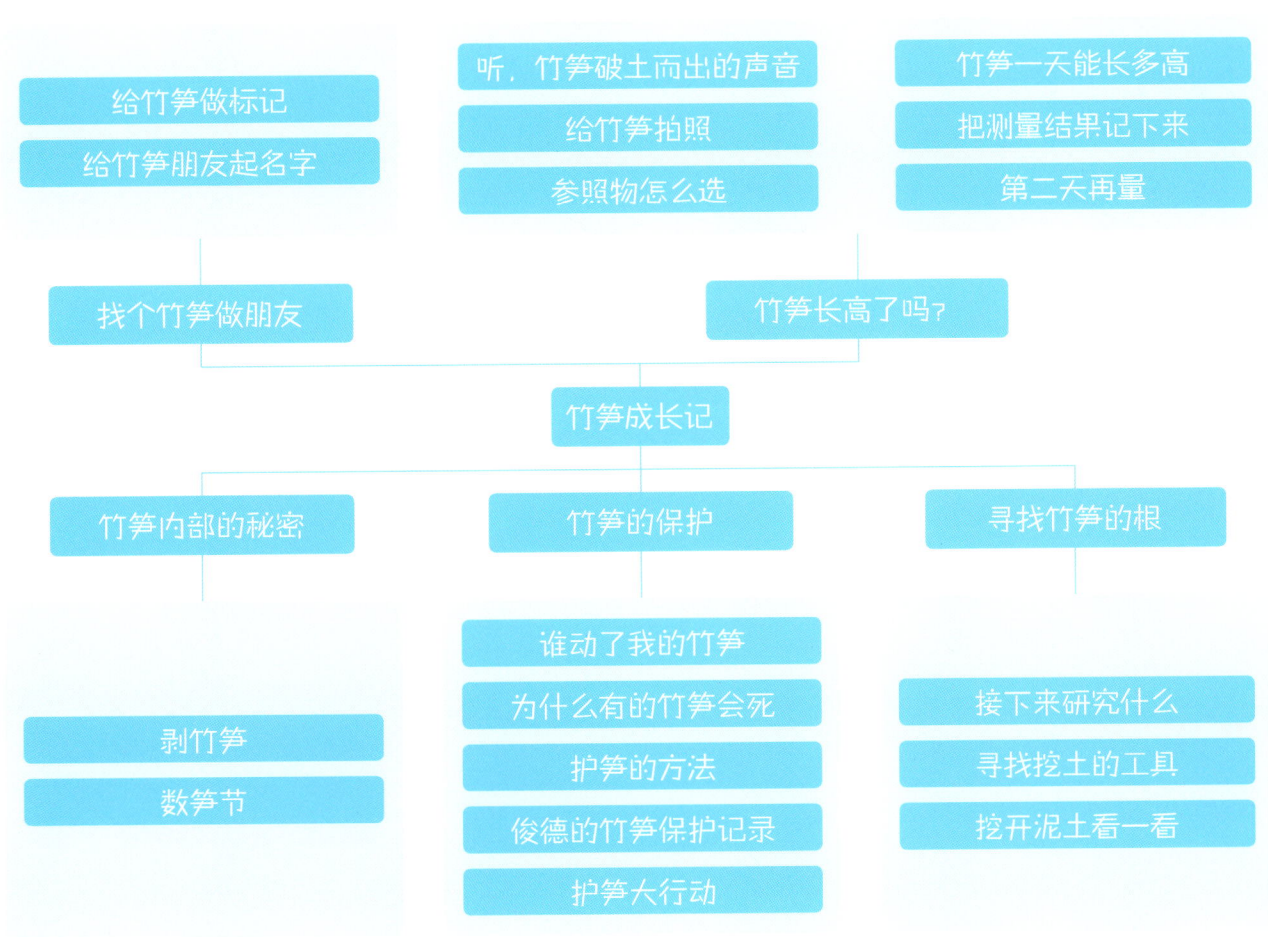

找个竹笋做朋友

孩子们最想知道竹笋是怎么长成竹子的,这是一个持续观察的过程,因为之前在自然角有过多次观察自己种植的植物朋友成长的经验,因此孩子们最先想到"要找个我的竹笋"做观察,很快他们就按自己的喜好认定了"我的竹笋朋友"。

一、给竹笋做标记

老帅:"明天我们再过来看竹笋,你们能记住自己的竹笋朋友在哪里吗?"

雨泽:"能!我的竹笋朋友就在围墙边上,旁边还有一棵竹子呢!"

也有的孩子摇摇头,并表示要再去确认一下位置。

老师:"除了记住位置,还有没有什么更好的方法?"

球球想了想:"我们可以做个标记。"他找了根小树枝插进竹笋旁边的泥土里。

孩子们觉得做标记的方法不错,于是他们在小竹林里寻找可以做标记的东西。有的在竹笋边上放几块垒起来的小石块,有的用树枝在泥土上画了几道线。

佳宜回到班里找来了美工区的红丝带,想给她的竹笋朋友系个蝴蝶结,她的做法引得孩子们纷纷效仿。

佳宜第一个系好,她把丝带系在了竹笋的尖尖上,还提醒小如:"你不要系得太紧,不然竹笋的血液就流不到全身了。"

小如:"竹笋才没有血呢,它的身体里是水,都是从土里吸出来的水。"小如把丝带系在了竹笋根部贴近

泥土的地方。

　　老师："我发现你们两个系的位置不一样呢！你们是怎么想的？"

　　佳宜："系在尖尖好，这样不会勒到竹笋，而且我一眼就能看到它。"

　　小如："可是竹笋会长大呀！它长成竹子的时候，那个丝带不就到天上去了？"

　　佳宜想了想觉得挺有道理，就把自己的丝带解开重新系在了竹笋的根部，一边系一边说："一定不能系太紧，不然它长大了会觉得太勒了。"

　　其他几个孩子也都把丝带系在了竹笋根部。佳宜说："糟了，那我们的标记不都一样了？"

　　小辰说："那我们再插个自己的姓名牌就不会搞错了，就像我们每个人种的大蒜一样！"

　　孩子们觉得这个主意太棒了，于是一起回到班级准备动手制作姓名牌。

二、给竹笋朋友起名字

老师把纸分发给大家,球球画了一个小小的竹笋,然后在旁边画上一个自己的笑脸,下面写上自己的名字,然后他悄悄地问老师:"你能教我写'小东西'几个字吗?我只会写'小'。"

老师问:"'小东西'是什么意思?"

球球:"我想叫我的竹笋朋友'小东西',它好小好小,好可爱啊。"

原来他在给自己的竹笋朋友起名字。老师教了他怎么写,球球在画的竹笋上面工工整整地写上"小东西",然后骄傲地告诉了同桌的小伙伴们,孩子们嘻嘻哈哈地反复叫着这个有趣的名字,之后也开始给自己的竹笋起名字,并请求老师教他们写字。

很快,我们就有了很多新朋友:竹竹、甜甜、康康、乐乐、强强、壮壮……小雨没来找老师教写字,他画了两个楼梯,还写了两个字母"T T",他告诉老师:"奶奶说上楼梯是步步高升的意思,叫'梯梯'它就能快快长高了!"

看来孩子们给竹笋朋友起名字真是花费了不少心思呢!老师把这些姓名牌过塑,贴在废旧的筷子上。孩子们把牌子小心翼翼地插进竹笋朋友身边的泥土里,并和新朋友约好了下周一见。

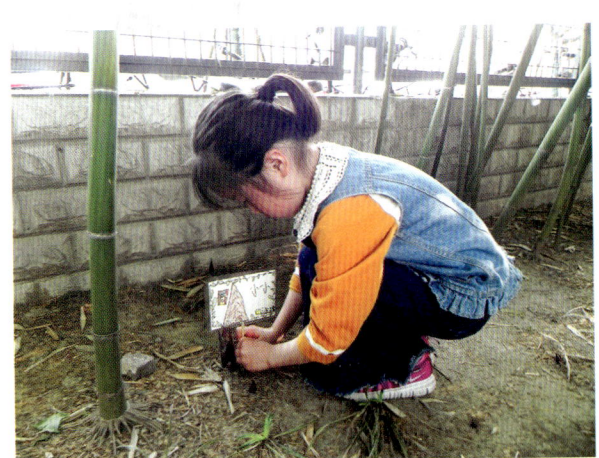

幼儿的经验与学习

幼儿天生好奇、好问,乐于探究,对大自然有亲切感。幼儿对竹笋的研究,就是在"交朋友"这种轻松愉快的氛围中开始的。由于是自己从小竹林里那么多竹笋中选定的新朋友,这个被选中的竹笋一定有着吸引幼儿的地方;花心思给竹笋起名字,饱含了幼儿对新朋友的关爱之情,因此他们一下子对竹笋产生了感情。

幼儿能主动选择适合的方式做标记,在做标记时因为担心系丝带会勒到竹笋而思考系在哪里好,注意控制力度;当发现大家做的标记都一样时,会进一步思考解决的办法;在发现小伙伴给竹笋朋友取的名字很有意思时,幼儿之间又开始了相互学习。

教师的思考与支持

教师及时抓住了幼儿想持续观察竹笋的机会，引导幼儿与竹笋"交朋友"，适时地提醒幼儿思考如何确定自己的竹笋朋友，充分尊重幼儿用自己喜欢的方式做标记，并支持幼儿实现自己的想法。教师期待着，并相信孩子们对竹笋朋友的喜爱会促使他们持续不断地参与研究，一步步陪伴竹笋成长。

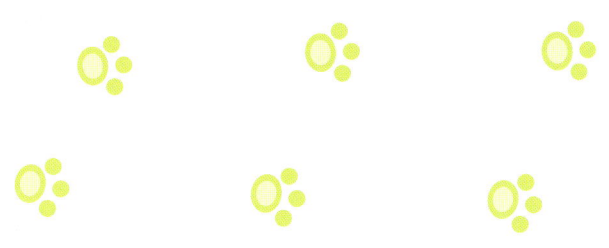

竹笋长高了吗？

一、听，竹笋破土而出的声音

一场春雨过后，小竹林里的土地上争先恐后地拱出许多小竹笋。孩子们欣喜不已，开开心心地忙着认识这些新朋友。小海突然像发现新大陆一样大声嚷嚷："你们快来看！我发现了一个大力士竹笋，它把土都搞破了！"几个孩子闻声迅速围拢过去，发现那棵大力士竹笋周围的泥土裂出了好几道缝隙，原本平坦的泥土微微拱起，四周还散落下一些细碎的小土块，像是小竹笋用它尖尖的小脑袋把大地顶出了一个洞。

小辰："竹笋刚长出来时就是这样的，它原

来是藏在土里面的，要把头上的土顶破才长得出来，要很大很大的力气。"他一边说一边把双手放在头顶做了个"顶"的动作，"就像这样，'砰'的一下顶出来了！"

孩子们觉得挺有趣，一个个也学着小辰的样子做出"顶"的动作，嘴里不断冒出各种"噗、嘣、叭……"的声音，大家被这些声音逗乐了，哈哈大笑起来。

老师也做了一个"顶"的动作："哇哦！原来小竹笋是这样从地里钻出来的啊！你们学的声音真有趣，我在想，竹笋长出来的时候会不会有声音啊？"

小海："当然有声音啊！你看，土都破了，就像地震的时候，土都会裂开，地震的时候就是'嘣，啪，轰隆隆'的这样子响。"

球球："我觉得竹笋长出来的时候会有一点声音，但是肯定没有那么响，不然大家都以为这里发生地震了，可是没有啊！可能就是'biu'一下，'biu'一下的声音。"

佳宜："可是我从来都没有听到过它的声音啊。"她想了想又说，"我们也在长大，我们长高的时候就不会有声音。"

小海："我的膝盖有时候会发出'咔咔'的声音，那就是我长高的声音啊！老师，你说是不是啊？"

几个孩子欢呼着,"扑通"一声就趴到地上,把耳朵凑到了身边的几棵竹笋旁,嘻嘻哈哈地笑着。

老师:"嘘!要保持安静,不然就听不到了。"孩子们立刻安静下来,手拢在耳边,全神贯注地听着。

老师轻轻地说:"你们听到了没有啊?"

小海摇摇头,继续趴着没动。球球突然把耳朵直接贴在了地面上:"这样靠近点可能会听到。"

佳宜第一个爬起来,激动地说:"我听到了,好像是'呲呲'的声音,轻轻的那种。"

小辰:"我也听到了,是'咔咔咔'的声音!"

小海:"我觉得不是,你们听到的可能是风的声音,或者是我们趴在地上的声音。"

老师:"确实有可能,那我们换个地方再听听呢?"

很快,老师和孩子们又一骨碌全趴在地上,把耳朵贴在了地面上,整个小竹林里静悄悄的,大家恨不得连呼吸都屏住。

小辰:"我觉得土里面真的有声音,像是蚯蚓在土里爬过的声音。我不知道那是不是竹笋在长高的声音。"

佳宜："我也听到声音了,但是也可能是我的心跳声,我分不出来。"

球球："我们应该找医生借听诊器的,那样听才准!"

回到教室,孩子们分享着自己听到的声音,有人坚持认为自己听到的就是竹笋生长的声音,有人觉得并不是。老师建议孩子们回去找找资料,或者找找工具。第二天,小辰带来了爸爸找到的一段视频,那是一段描述春天万物生长、各种植物破土而出的科学短片,从破土发芽,到抽枝长叶,再到开花结果,在植物生长的过程中,大家真的听到了那种轻轻的声音,而泥土被撑裂开、小芽芽破土而出的那一瞬间声音最响。孩子们惊叹着,一遍遍地欣赏视频,脸上露出惊喜又震撼的表情。老师趁机给孩子们声情并茂地朗诵了一段短文《春笋》:"一声春雷,唤醒了春笋。它们冲破泥土,掀翻石块,一个一个从地里冒出来。春笋裹着浅褐色的外衣,像嫩生生的娃娃。它们迎着春风,在阳光中笑,在春雨里长。一节,一节,又一节。向上,向上,再向上。"

在优美的语句中,孩子们陶醉了……

幼儿的经验与学习

竹笋长出来的时候会不会有声音？这是幼儿关心的问题，也许成人觉得肯定听不到的，但却是幼儿感兴趣的。他们为了听到竹笋生长的声音，趴在地上，闭上眼睛，用心地"听"，这是生命与生命的亲密接触。对于听到的声音，他们有自己的解释：他们认为听到了风声、蚯蚓爬过的声音、心跳声、泥土破裂的声音。这个过程中幼儿几乎调动了身体的所有感官，看、听、摸、闻，用他们最喜欢的探究方式，把原有对自然的经验与这个活动结合起来。

教师的思考与支持

让幼儿亲近土地、萌发好奇心，促进他们积极地探索自然，这是教师对他们最好的支持。活动过程中教师及时给予建议，陪伴幼儿一起聆听竹笋生长的声音，和他们一起调动各种感官去感知和发现。鼓励幼儿大胆质疑、主动寻找资料，发现植物生长的秘密，培养幼儿的科学精神。视频展现出的植物破土而出的力量，让幼儿感受到大自然的神奇。

《3—6岁儿童学习与发展指南》(以下简称《指南》)指出,要引导幼儿"初步感受文学语言的美"。在幼儿对植物的生长充满惊喜之时，教师通过短文欣赏，帮助幼儿感受了文学语言的优美，整合经验，陶冶美的情操。

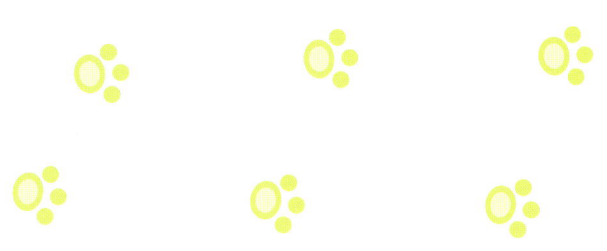

过了一个"五一"小长假,不少孩子惊讶地发现竹笋朋友似乎有点不一样了。

小雨:"快来看,我的梯梯长高了好多!"

老师:"你怎么知道竹笋长高了?"

小雨想了想,指着竹笋后面的姓名牌说:"我记得上次插牌子的时候它只到牌子下面边边这里。"他指了指牌子的底边。

"现在长到名字这里了,"他又指着名牌上写"T T"的位置,用两根手指比画了一下距离,举起来给大家看,"长了这么高。"

其他孩子也都说自己的竹笋好像长高了,但说不出具体长高了多少。

老师:"刚才小雨是因为把竹笋的高度和姓名牌做了比较,才发现竹笋长高了,看来要想知道竹笋

是不是长高了,我们需要一个东西作为参照物。"

球球:"什么是参照物啊?"

琪琪:"就是牌子。"

老师:"不一定是牌子哦,参照物是用来对比时作为标准的一个东西,就像我们在门框边量身高,那个门框就是参照物,我们可以选很多其他的东西作为参照物来和竹笋进行比较。"

老师:"除了要有参照物,我们还要记得竹笋本来的高度,可以用什么方法呢?"

思思:"画下来。"

顺鑫:"拍照片怎么样?就像我们给小竹林拍照一样!"

老师:"都可以,你们选一个自己喜欢的方法吧!"

二、给竹笋拍照

孩子们觉得拍照比画画要省事,所以都回班上拿来了相机,开始为竹笋朋友拍照。

思思拿着相机跪在竹笋跟前,又站起来退后几步看了看,显得有些犹豫,她跑过来找老师:"我发现拍照时离竹笋近竹笋就很大,离得远竹笋就变小了,这样拍会不会看不出来竹笋有多高啊?"

老师:"你的发现很好,那你选好参照物了吗?有了参照物做比较,就算竹笋在照片上看起来有大有小,但只要把参照物也拍进去,下次再

笋儿尖尖

和同一个参照物做比较就可以看出来变化啦！"

思思："我知道了，那我要去找一个能一直和竹笋比的东西作为参照物。"

三、参照物怎么选

老师："你们选了什么作为参照物和竹笋朋友一起拍照的？"

思思："我的竹笋正好在围墙边上，我就用围墙作为参照物了，它现在长到第二块砖头那里了。"

小辰："我的竹笋和另一个竹笋长在一起，我就把它们两个都拍下来了。"

思思："那样不行，另一个竹笋也会长高，下次你就看不出来自己的竹笋长没长了。"

小海："我和小雨用了同一根长竹竿，这样竹笋长到很高很高的时候还是能和它比，我们把竹竿藏在围墙边了。"

嘉瑞："我用小椅子的一条腿来和竹笋比的。"

佳宜："我找到一根小树枝。"

琪琪："我发现我的竹笋已经长到我的膝盖那么高了，我就让嘉瑞帮我和竹笋一起拍照，下次再来拍它可能就长到我肩膀这里了。"

老师："你主动请好朋友帮忙了是吗？真能干！拿自己作为参照物很方便呢。"

小海："可是我们人也在长高啊，不能作参照物的。"

琪琪："我就经常和爸爸比身高啊！"她想了想又补充道，"竹笋长得比我快很多呢！"

过了几天，孩子们陆陆续续带来了照片，为了明确竹笋的高度，他们用红笔在参照物上画了横线作为标记。之后孩子们每周都坚持使用参照物和竹笋拍照1~2次，不间断地观察竹笋的成长过程。

竹笋长高了吗？

幼儿的经验与学习

幼儿通过将竹笋与参照物进行比较,发现并描述竹笋生长前后的变化。活动中,幼儿迁移原有的户外观察经验,使用了拍照的方法。在拍照的过程中,幼儿发现并逐步理解参照物的意义及其作用。幼儿用多种方式、多种工具持续地对竹笋的生长进行记录。

教师的思考与支持

《指南》中指出，5—6岁幼儿"能通过观察、比较与分析，发现并描述不同种类物体的特征或某个事物前后的变化"。在该活动中，教师引导幼儿关注竹笋生长前后高度的变化，帮助幼儿更好地认识竹笋的生长规律。当幼儿发现竹笋长高了，又描述不出长高了多少时，教师适时地把幼儿无意间将竹笋与姓名牌比较的方法提取出来，再抛出找一个参照物的问题，让幼儿在实际运用中理解了参照物的意义，自主选择、分析参照物的特性，不仅解决了问题，也为之后的测量打下了基础。

四、竹笋一天能长多高

当孩子们第二次去给竹笋拍照时,因为有了上次的参照物,不少孩子发现竹笋确实长高了一些,也有的孩子觉得竹笋根本没有长高。

球球:"竹笋一天到底能长多高呢?"

小如:"我们可以量一量竹笋今天有多高,再量一量明天有多高不就行了。"

老师:"你是说用测量的方法,那你准备怎么测量竹笋的高度呢?"

小如:"用手指。把手指竖在竹笋旁边,你看,我的竹笋正好和我的小拇指一样长。"

球球:"那明天你的竹笋长得超过你的手指了怎么办?"

小如歪着头想了想,没说话。

小辰:"用吸管。吸管长一点。在竹笋旁边比一下,在和竹笋一样高的地方把它剪断,剪下来的吸管的长度就是竹笋的高度了。"

顺鑫:"用筷子!"

佳宜:"用竹篾子!"

小辰:"还有回形针,可以把回形针一个个连起来,就像我们上数学课时那样量。"

小如:"可以用毛线,毛线想要多长就有多长,还好剪。"

小辰:"毛线也挺好的,那我就用回形针和毛线两种方法都量一量。"

佳宜:"那我用吸管和竹篾子。"

选好测量材料,小辰和佳宜自动结对,两人先去量佳宜的"甜甜"。佳宜把竹篾子紧贴在竹笋上,一头贴近地面,用手指捏住和竹笋高度一样的位置,然后对小辰说:"我捏着,你来帮我剪断。"之后,两人又一起合作,用吸管进行测量。

量好了"甜甜",两人又去量小辰的"强强",佳宜提醒小辰:"毛线很软,你要拉直一点哦!"她比画着先剪下一小段毛线,说:"差不多了。"然后用毛线从竹笋底量到笋尖,并剪断了毛线,请佳宜帮忙拿着。之后她又拿出一个回形针,在竹笋边比了一下;然后又拿了一个连在一起,发现两个回形针的长度刚刚好。

幼儿的经验与学习

幼儿对测量已有一些经验，在今天的测量中，他们使用了多种测量方式和测量工具，如回形针、筷子、毛线、吸管、竹篾子……在实践中获得了测量竹笋的科学经验，明白起点和终点在测量中的重要性，对测量工具的特性也有了再次认识。测量过程中，幼儿间也形成了良好的合作关系。

教师的思考与支持

这次测量幼儿不仅运用了原有的测量经验，还尝试了使用新的测量方式，他们愿意主动尝试两种不同的材料，教师觉得这是一个绝妙的机会，可以让他们进一步丰富测量经验，通过使用不同的测量工具感知"高度"这个量。整个活动过程培养了幼儿尊重事实的科学精神。

五、把测量结果记下来

长期以来,老师一直鼓励孩子做开放式记录,因此,孩子们从小竹林一回来就打开了记录本,首先写上日期,然后把带回来的测量结果——毛线、吸管、竹篾子、纸条、回形针等材料用透明胶粘在纸上。

选了两样材料的佳宜在贴好吸管和竹篾子后叫了起来:"看,它们是一样长的!"她在吸管和竹篾子之间画上了一个等号,还画了一些图案。

她画的图案的意思是:我交到了竹笋朋友,它叫甜甜。甜甜说:"我长大会变成竹子,今天我长这么高,明天我会长成竹子吗?"

其他孩子的记录也各具特色,有的画了一个和测量结果一样高的竹笋;有的自己设计了一个记录表格,把今天的新发现画在每个小格子里;有的用图夹文的形式写出对竹笋朋友的祝福……

竹笋长高了吗?

幼儿的经验与学习

在这个活动中,教师鼓励幼儿在白纸上进行记录,这样更适合幼儿表达自己的发现与情感,这种方式给予了幼儿极大的空间,幼儿有了不一样的记录方式:有的用绘画和符号,有的用图夹文,有的自己画出记录表格……记录的内容也很丰富:有的记录竹笋的特征、周围环境,有的记录自己的疑惑和问题,有的将结果进行梳理……

教师的思考与支持

教师发现,这样的记录方式能引发幼儿对自己记录内容的思考,不仅是对自己探究历程的回顾,也给予了幼儿极好的相互学习的机会。由于幼儿记录水平有差异,这就需要教师更加积极地关注每位幼儿的记录过程,提供适宜的记录方式,如用图画和文字帮助表达,引导幼儿借鉴同伴经验等,使记录的形式和内容富有创造性。

六、第二天再量

孩子们约定好了第二天下午同样的时间再去量竹笋的高度,他们使用和昨天一样的材料再次测量出了结果。

顺鑫:"我的竹竹昨天和筷子一样高,今天长得比筷子高了这么多,怎么办呢?"

小辰递来回形针:"那你用我的回形针重新量吧!"

顺鑫想了想,拿过回形针接了两个,然后在筷子上面比了比,突然叫起来:"不用重新量了,他正好长高了两个回形针那么多!"

老师:"那就是说,你的竹竹昨天有一根筷子那么高,今天呢?"

顺鑫立刻接话:"今天是一根筷子加两个回形针那么高!"

孩子们将今天的测量结果带回班级进行记录。

佳宜："真奇怪，我的甜甜怎么一点都没有长高啊？"

小雨："我的梯梯长高啦！毛线比昨天的长出一截呢！"他特意把长出的部分画出了虚线，用了一个双箭头表示长高的部分，并请老师帮他写上"一天长了这么高"。

老师："长了这么高是多高呀？"

小雨用两根手指比画一下："就是这么高呀！"

球球："我的竹笋好像长高了一点点，真的只有一点点哦！"

佳宜："为什么他们的竹笋长高了，我们的竹笋不长高呢？"

球球："可能竹笋的营养不够，所以不长高。"

小辰："营养可能被旁边的大树吸走了。"

小组讨论结束后进行了全班的分享，有的孩子提出可以使用尺子来测量竹笋一天内长了多高。由于孩子在做"服装"主题时曾学习过尺子的用法，知道要将尺子的"0"刻度与测量材料的一头对齐，但在得出长度数时还是需要老师的帮助和提醒。测量之后，孩子们将尺子量出的数据记录了下来。

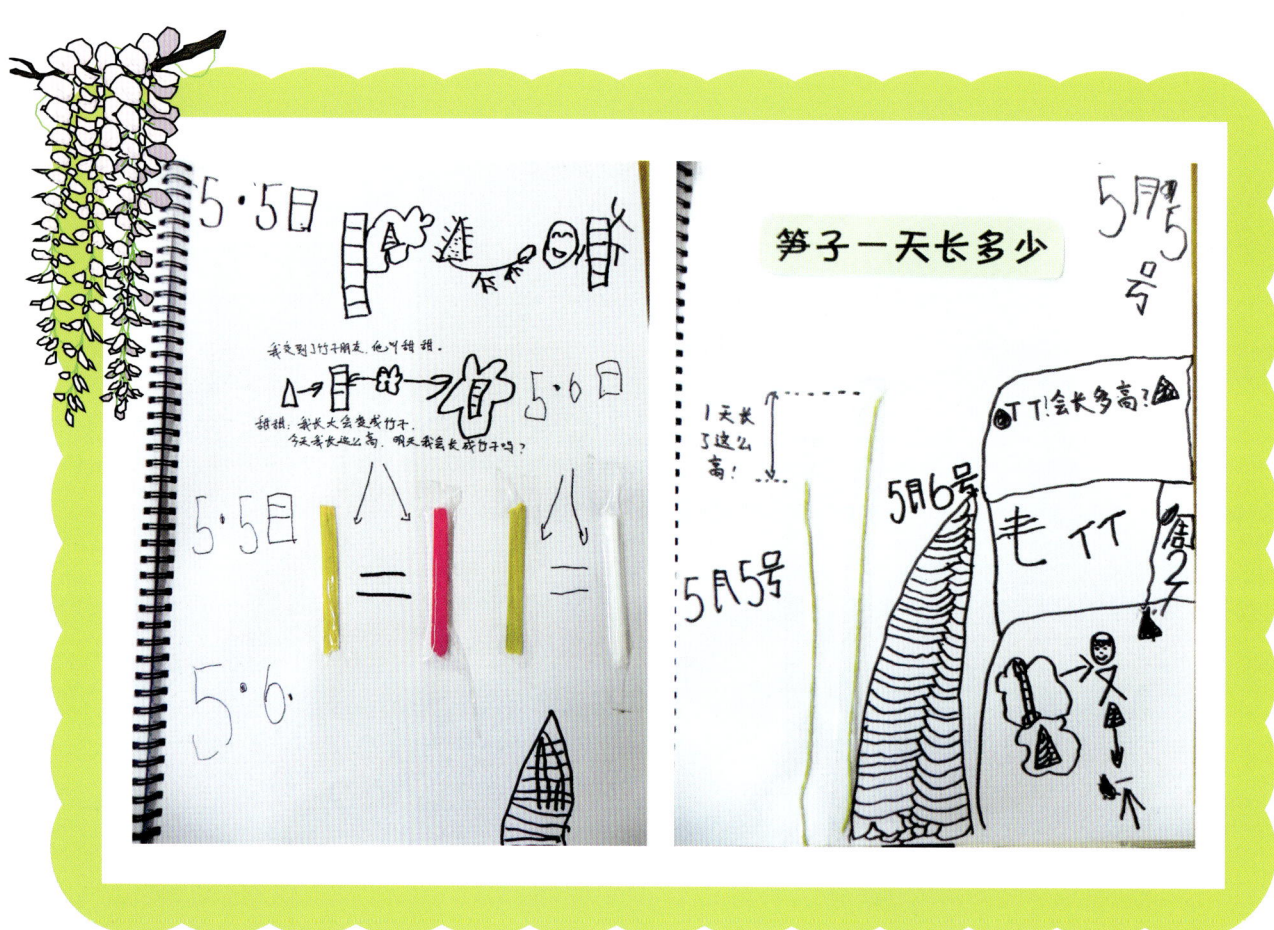

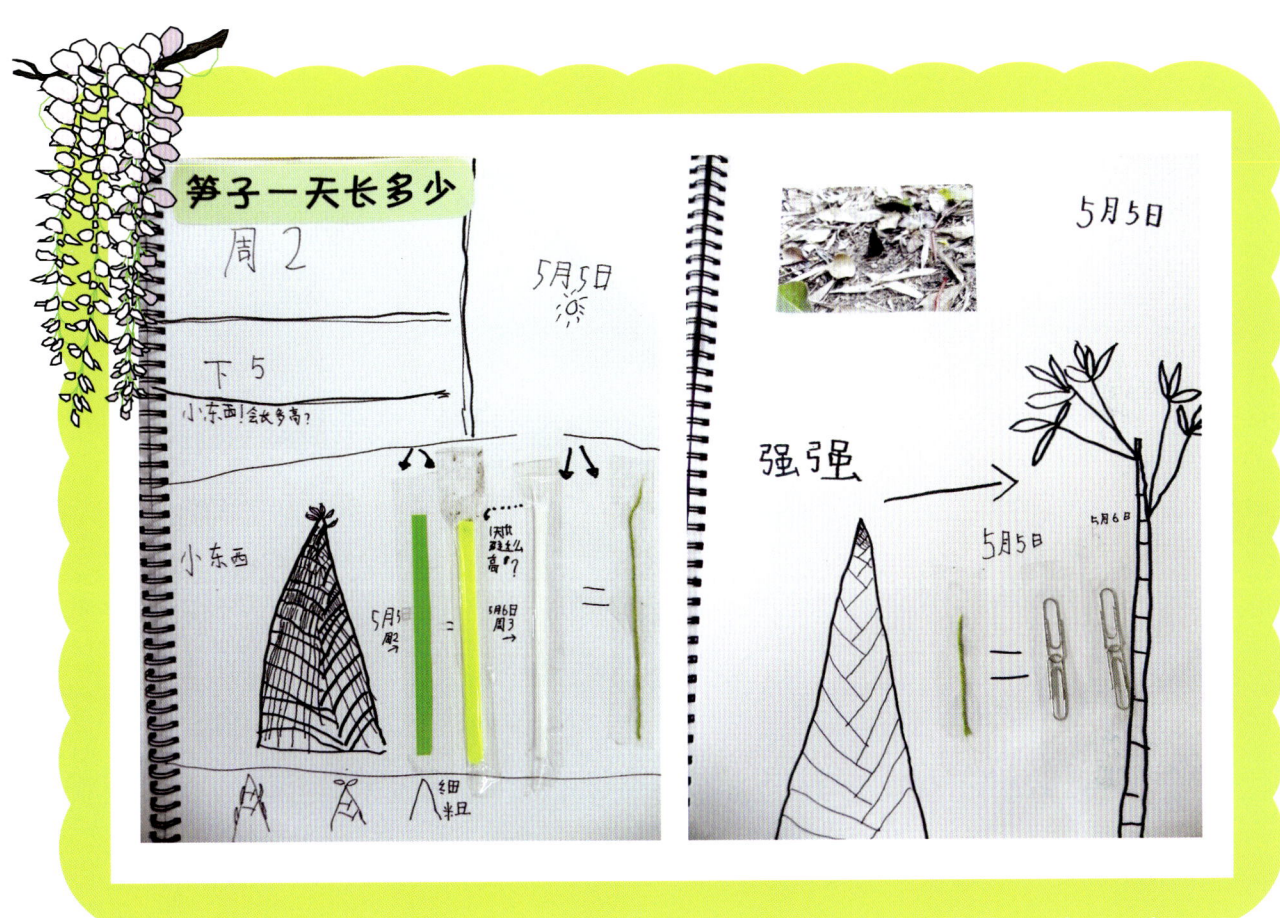

竹笋长高了吗?

幼儿的经验与学习

幼儿在持续记录竹笋生长状态的过程中,能就他们发现的问题进行积极的讨论。在面对竹笋一天到底能长多高时,幼儿能主动迁移他们在"服装"主题中获得的使用尺子的经验。

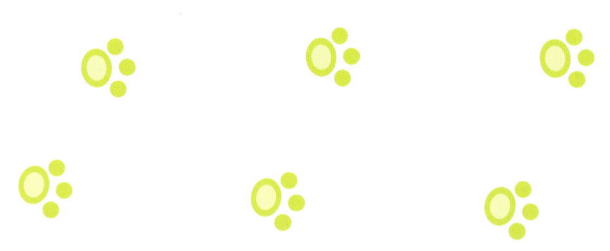

教师的思考与支持

在推进幼儿探索竹笋长高的过程中,教师始终肯定幼儿的想法,鼓励幼儿大胆实施,并支持幼儿持续记录。在多次测量中,幼儿的测量经验逐渐丰富。教师继续期待着幼儿更加深入地探究竹笋的更多内容。

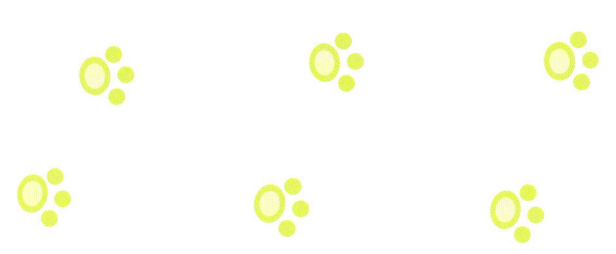

一、剥竹笋

孩子们对竹笋朋友的喜爱促使着他们不断去观察、探究竹笋的秘密。有一天,顺鑫轻轻抚摸着"竹竹"的笋皮,对老师说:"老师,我好想剥开笋皮看看竹笋里面是什么样子的。"正好班级还有孩子们带来的不同种类的竹笋,这是一个探究竹笋内部的好机会。

于是,大家开始一起剥竹笋。

小雨:"竹笋上头尖尖的,下面越来越粗,有点像细细的三角形。竹笋外面包着笋皮,好多好多层的笋皮。"

小米:"笋头尖尖的,还有绿色的小叶子,像小芽芽一样。"

老师把孩子描述的竹笋外部特征画在了大记录表上,然后请孩子们进一步观察竹笋,看一看、摸一摸、闻一闻,再尝试剥一剥笋皮。

洛雅:"我发现笋皮是深咖啡色的,里面还夹着一点紫色呢!"

修铭:"笋皮上面有一条条竖着的条纹,还有一些圆圆的斑点,斑点是黑色的。"

佳宜:"摸上去毛毛的。"

孩子们开始剥笋皮了。

洛雅:"从最下面粗的地方开始剥好剥,那是最外面的皮。"

佳宜:"我剥了几片,觉得下面的笋皮很大,越往上就越小。"

洛雅:"剥下来的笋皮两边卷起来了。"

洛雅:"有点像小船!"

小米:"像小铲子!"

……

老师请他们把新发现记录下来。

洛雅:"快看快看,笋肉上面有一圈圈的横线,横线上面还有一些小点点,就像竹节一样的东西。"

小米:"现在还不是竹节呢,应该是笋节吧?"

洛雅:"老师,笋节越来越多了。下面的距离还很大,上面的就越来越小,密密的。"

老师:"你的意思是笋节越往上间隔越小越密了,是吗?"

洛雅:"是的是的,因为竹笋上面是尖尖的,地方不够了,它们就很挤。"

小雨:"上面好难剥啊!我真怕把它抠断了。"

洛雅："我来帮你，我的手指比你细。"

孩子们小心翼翼地剥了十分钟左右，互相帮忙着剥完了笋皮。两个孩子剥断了笋尖，看起来有些沮丧，老师找来两根牙签，帮他们把笋尖接上。桌面上的笋皮堆得像一座座小山，大家一起收拾，把笋皮都装进了塑料袋里。

幼儿的经验与学习

《指南》中指出,"应注重引导幼儿通过直接感知、亲身体验和实际操作进行科学学习",因此,教师提供了充足的、可以剥的竹笋,幼儿通过看、摸、闻、剥等多种方式,感知竹笋的内外部特征。在探究的过程中,幼儿能持续专注地进行并用语言大胆表达自己的发现。在活动结束后,主动将材料收拾干净,养成良好的学习习惯。

教师的思考与支持

剥竹笋这个行为非常有趣，富有魅力，符合幼儿的能力、兴趣和需求。教师为幼儿提供了充足的材料，先是引导幼儿回忆对竹笋的已有经验，再将重点放在动手剥竹笋上，让他们充分与竹笋进行互动，在一层层剥开笋皮的过程中，幼儿运用各种感官细致观察，不断有新的发现，而大记录表极好地将幼儿的发现清晰地呈现、保存了下来。

二、数笋节

老师:"你们都发现了笋节,想知道你的竹笋有多少节吗?试着数一数吧!"

孩子们立刻数了起来,大部分从下往上数,也有几个人从尖头往下数。他们数得很是专注,一个个低着头,小手指点着笋节数得小心翼翼。数着数着,有个别孩子抓起了脑袋。

小海:"老师,我数到24后面就有点数不清了,你看,笋尖上面太密了。你能帮我吗?"

老师给了他一个鼓励的眼神,也伸出手指和他一起点数下去。"25、26、27、28、29,数出来啦!"

等孩子们都数完,老师帮每个孩子切开了竹笋。竹笋被切开后,露出里面一层层的笋节,孩子们发出惊叹声。

小雨:"里面是空心的。"

佳宜:"里面有好多好多一层层的东西。"

小雨:"我觉得这就是竹笋里面的节,像竹子一样,一节一节分成好多好多个小格子。"

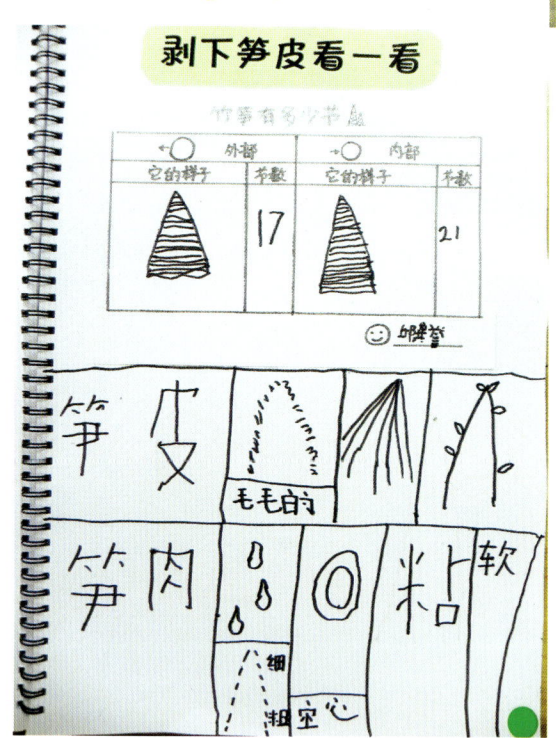

竹笋内部的秘密

洛雅："里面的节和外面的线连在一起了，也是下面大，上面小。"

顺鑫："尖尖头这里都没有空隙了，太紧了，好多节贴在一起。"

小海："看起来好像宝塔一样。"

老师："刚才你们数了外面的笋节，现在你们再数数里面的笋节，看看有什么发现。"

孩子们又数了起来，这次数得很快，有的孩子数出来里面的笋节数量和外面的一样，也有的孩子数的不一样。

小辰："里面是 32 节，外面是 31 节，笋节数量差不多，我觉得它们应该是连在一起的。"

孩子们将发现记录在"竹笋有多少节"的小记录单上，他们分别画出竹笋外面和里面的样子，并把数出的笋节数量写下来。最后，大家一起分享了自己的记录单，还把今天剥竹笋的发现记录在自己的大本子上。活动结束后，老师请两个孩子将使用完的竹笋送到厨房，代表全班孩子向厨房老师致谢。厨房老师将竹笋做进了孩子当天的蔬菜汤里，孩子们午餐时吃到了自己剥的竹笋，非常开心。

竹笋内部的秘密

幼儿的经验与学习

幼儿已有数竹子竹节的经验，迁移此经验，先数外面的笋节，再切开竹笋数里面，让幼儿将所得信息进行比较，通过反复数、验证，幼儿觉得笋节里外数量"差不多"，提出猜测"它们应该是连在一起的"。在数笋节的过程中，幼儿感知了竹笋的内部结构，初步发现笋节生长规律，并初步尝试用统计的方式表现笋节内外的数量关系。

教师的思考与支持

剥竹笋、数笋节，竹笋为幼儿的探究提供了许多种可能。教师在活动过程中不断鼓励孩子，有意识地提出开放性的问题，如"你有什么新发现？你是怎么剥的？"，让幼儿用语言大胆表达自己的想法，表述自己的行为，这对于幼儿形成有序、完整、清晰的表达能力是十分重要的。

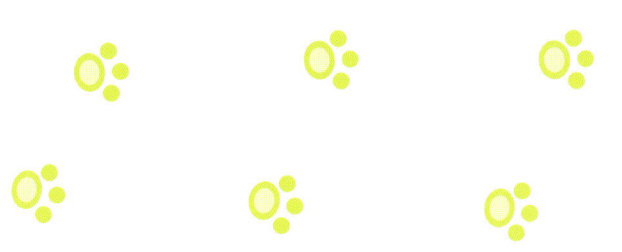

竹笋的保护

一、谁动了我的竹笋

一天下午,孩子们又去看望竹笋朋友,突然传来了顺鑫的哭声。老师闻声赶去询问情况。

顺鑫:"我的竹竹死了,谁把我的竹竹弄断了?"

他手里拿着断了的竹笋,哭得很伤心,孩子们一边安慰他一边猜测着竹竹的"死因"。

小米:"可能是小班的弟弟妹妹来散步时不小心把竹笋踩断了。"

小海:"肯定是踩坏的,你看,这里也有一个竹笋被踩烂了。"他指着附近一个看起来扁扁的、和泥土混在一起的竹笋,叉着腰,气鼓鼓的。

老师:"我们先别着急责怪弟弟妹妹,竹笋断了可能是被踩断的,也可能是其他原因哦,我们还是仔细看一下竹竹吧。"

小辰:"对,我们要像小侦探那样找出真相。"

顺鑫不哭了,他小心地剥开几片笋皮,大家一起凑过去看竹竹断的部分。

顺鑫:"这里好像烂掉了,又软又黏。"

小米:"它可能是烂了才断的。"

顺鑫:"它为什么会烂呢?"

修铭:"是不是水太多了?我奶奶说过不能给植物浇太多水,会烂掉。"

顺鑫没说话,他又剥了几片笋皮,突然手一抖,竹笋掉在地上,他大叫:"虫子,竹笋里面有小虫子!"

小海把竹笋捡起来:"我看就是虫子把竹笋咬死了。"

老师:"竹笋里面的虫子是什么样子的?"

小海:"小小的,我没看清,它好像钻到里面去了。"

二、为什么有的竹笋会死

那天,孩子们又陆续发现了不少死掉的竹笋,回到班级,大家开始讨论起来。

思琪:"我的竹笋长得很高,它钻进栅栏里去了,都变弯了,会不会死呀?"

佳宜:"应该不会,它和竹子一样有韧性,只要不断就不会死。"

小辰:"这么多天了,我的竹笋一点都没有长高,看起来就像死了一样。我捏了一下,它变得软软的,肉可能都烂掉了,就像顺鑫的竹笋一样,不过它没有断。"

可新:"我也看到有个竹笋烂烂的,一捏都是水。"

小海:"我发现有几个烂掉的竹笋周围有很多苍蝇在飞,还有蚂蚁,蚂蚁在搬走烂掉的竹笋肉带回去吃,我还看到一条蜈蚣。"

老师:"有人仔细看过烂掉的竹笋是什么样子的吗?"

小雨:"我看到竹笋烂的地方有好多小洞洞,可能是虫子咬出来的。"

佳宜:"烂掉的竹笋外皮软软的,捏起来有点恶心,剥开来一看里面都发黑了,我还闻了一下,感觉味道有点臭、有点熏。"

斗南:"我知道,那个味道就像南瓜捣烂后放在太阳底下晒了很久之后的那种怪怪的臭味。"

老师:"哦?这真是一个好特别的味道啊!你们想过为什么竹笋会死吗?"

斗南:"有的竹笋被太阳晒干了,就死了,竹笋不能晒太阳的。"

修铭:"不对,竹笋需要太阳,是水太

多了，泡烂了。"

小辰："竹笋的营养不够了，被旁边的大树还有小草抢走了营养，它就死了。"

小米："还有的竹笋长得靠近小路，容易被小朋友踩坏。"

可新："我剥一个烂竹笋的时候看到有一条弯弯的虫子，感觉像小的蚕宝宝，但又不是，因为蚕宝宝应该不吃竹笋的呀！"

老师："那是什么虫子？"

孩子们都摇头。

老师："我们怎么才能知道是什么虫子在吃竹笋？"

可新："我记得虫子的样子，我回家叫爸爸帮我在网上查一下然后告诉你们。"

修铭："我还可以回家去查《少儿百科全书》，那上面什么都有！"

老师："太好了，那我们有三个问题需要回去查查。第一个是竹笋生长到底需不需要晒太阳，第二个是竹笋的营养从哪里来，还有一个就是吃竹笋的是什么虫子。"

讨论结束后，孩子们围绕"为什么有的笋子会死"的问题，在大本子上记录下自己的想法。

第二天，有几个孩子带来了找到的资料，并将获得的答案和全班小朋友分享。

洛雅："我回去从网上查到那种虫子叫竹笋虫，最喜欢吃竹笋，它的嘴里有尖刺，吸竹笋的汁，被它吃过的竹笋就会死掉。还有一种竹虫是竹子里面的，有些地方的人还喜欢吃这种虫子呢！"

小如："我查到竹笋喜欢凉爽的地方，你们知道吗，热带雨林里是不会有竹笋的，因为那里水多又太晒。妈妈还告诉我一个词叫'雨后春笋'，说明竹笋也是需要有水才能长的，但水不能太多，阳光也不能太多，要刚刚好才可以。"

竹笋的保护

幼儿的经验与学习

幼儿的语言是非常丰富的,这充分反映了他们对事物和事件的认识和思考。幼儿讨论竹笋死亡的原因,表现出幼儿将原有种养经验和当前事件建立联系产生新的经验,同时这个联系又影响到幼儿的情感。开放式的记录,以一种书面的语言,表达幼儿对竹笋死亡原因的猜测。同伴学习,拓展了幼儿的记录经验。

教师的思考与支持

关于竹笋生存和死亡的原因,教师没有立刻回应,而是问幼儿竹笋会死还有什么别的原因,引发幼儿寻找问题的答案。当然,这一类问题需要通过查找专业知识进行解答。对幼儿来说,阅读科学读物是最好的方法,在这个过程中,幼儿求真、尊重科学的意识得到不断增强。

三、护笋的方法

孩子们又知道了不少竹笋的知识，感到很兴奋，而顺鑫却还是一副愁眉不展的样子，老师建议他再找一个新的竹笋朋友。

老师："我们都很爱小竹笋，大家一起想一想，有什么方法能保护竹笋朋友呢？"

顺鑫："我们去买杀虫剂，把竹笋虫给杀掉。"

思琪："要提醒小朋友去小竹林的时候不要踩到竹笋，再给每个竹笋做一个围栏。"

小海："我们成立一个'竹笋警察队'，天天去巡逻，专门抓破坏竹笋的'坏人'。"

小雨："我们给竹笋做一个大大的太阳伞，中午特别晒的时候就给它打伞，还有雨太大的时候也要打伞。"

老师："你们想了很多办法，但是不是所有的办法都可行呢。"

佳宜："我觉得我们还是做一个大大的牌子，上面画上提醒小朋友不要破坏竹笋的标志，然后把牌子插在小竹林边上，让所有人都能看到。"

大家都觉得这个主意简单又可行，于是推举出四个擅长绘画的小朋友去画保护牌。之后孩子们又讨论出几个适合的方法，如：请幼儿园的园艺老师帮忙喷洒杀虫药水；每天请一个值日生利用晨间和午后散步时间去小竹林巡逻，提醒其他班的小朋友不要破坏竹笋；还要给竹笋拔草，不让杂草和竹笋抢营养。

最后，老师建议孩子把爱护竹笋朋友的办法记录在大本子上。

竹笋的保护

幼儿的经验与学习

幼儿在集体讨论中畅所欲言，渐渐发现竹笋生长与环境的关系。同时，通过讨论，他们也逐渐发现解决问题的方法是多种多样的，只要开动脑筋，总能想出最具操作性的好办法。

教师的思考与支持

讨论、表达、表征和反思是幼儿从活动中建构理解和发展概念的重要途径。教师要持续鼓励幼儿进一步使用适宜的图画、符号记录下保护竹笋的各种方法。

四、俊德的竹笋保护记录

在孩子们快画完的时候,老师注意到了俊德。他安静地看着旁边的小朋友用画格子的方法记录保护竹笋的方法。然后,他也开始动笔了。他没有画刚才其他孩子们热火朝天讨论出的办法,也没有自己设计保护竹笋的牌子,而是在纸上画出十个格子,每个格子里都有图和一些标记,看起来像是在画连环画。老师没有催促他,安静地等着他完成,然后走过去轻轻地问他画了什么。

第一个格子里是一个竹笋,上面有一个黄色的小牌子,牌子里面是一个向左向右的双箭头,竹笋两边各有一双鞋子。"这是往笋子两边走。"俊德用很小的声音说。

第二个格子里是一个哭泣的竹笋,黄牌子里的标记变成了一只脚,脚上画了一个叉,意思是"不要踩到笋子"。

第三个格子里的黄牌子上是一个小竹笋加一个惊叹号。"注意!是笋子!"俊德微微提高了音量。

第四个格子和第一个格子里的内容差不多。"记得往两边走啊!"俊德又强调。

第五个格子和第三个格子里的内容相似,就是牌子上的标记变成很多斜线。"警告,有笋子!"俊德认真地说。

第六个格子里有一个蓝衣服的小朋友正跨过竹笋。"要是来不及,就跨过去吧!"俊德

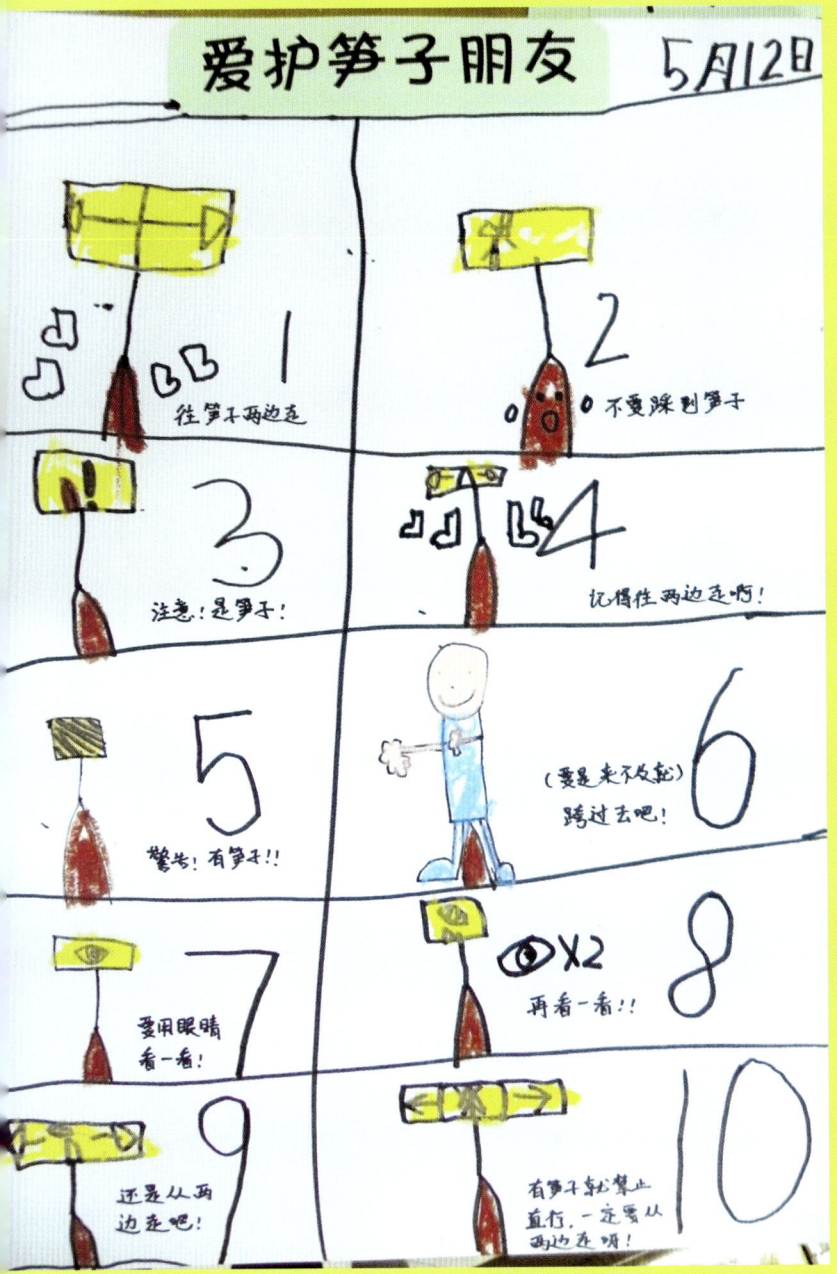

认真地给老师解释道。

第七个格子里的牌子上是一个眼睛,表示"要用眼睛看一看"。

第八个格子里的眼睛后面画了一个"×2"(乘以2),表示"再看一看"。

第九个格子又回到了第一个格子,表示"还是从两边走吧"。

第十个格子在第一个格子的基础上多了一个"×"的直行箭头。"有笋子就禁止直行,一定要从两边走呀!"俊德大声说完这句话之后,对着老师笑了,好像刚做完了一件了不起的事。

幼儿的经验与学习

在俊德的大记录本上,之前的活动记录大部分都比较简单,甚至是空白的。在今天的记录中,他在借鉴同伴分格记录的基础上,又加入了序号和符号等元素,表达自己的想法与发现。他的记录能力和语言表达能力获得了提升。

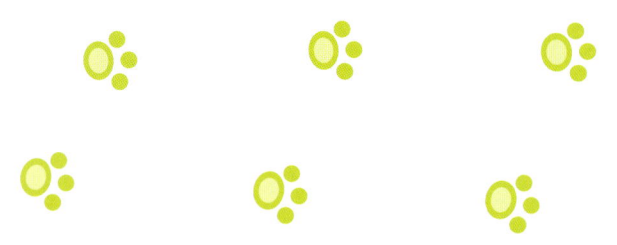

教师的思考与支持

俊德性格较内向，对于集体活动参与度一直较低，教师从这个爱护竹笋的连环画式记录里看到了俊德的纯真善良、敏感细心。他以自己的方式小心翼翼地爱护着竹笋朋友，画面上各种标记反复强调"注意笋子，从两边走吧"，仿佛在提醒别人，更像是提醒自己对待竹笋要加倍小心。内容虽然很简单也有多次重复，但是都透着他对竹笋满满的爱。这也说明了幼儿对竹笋朋友的爱成为一种源自内心的动力，促使幼儿更加积极地投入护笋行动中。

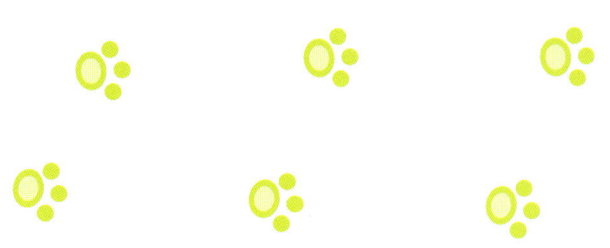

五、护笋大行动

四个孩子绘制了一个大的爱护竹笋的保护牌,用鲜艳的颜色提醒小朋友们要注意留心脚下的竹笋,不要踩到,更不能故意破坏。

淘淘:"我担心小班小朋友看不懂,我觉得我们要告诉他们这个牌子是什么意思。"

老师:"好呀,那你们就拿着牌子去小班和他们说一下吧!"

孩子们站在小班门前有些害羞，但想着为了竹笋朋友，就互相打着气进了小班，向弟弟妹妹们介绍了保护牌的意义。

最后他们开心地把牌子挂在了小竹林入口处的一棵大树上。

从那天开始，每天负责种植区浇水照料的值日生有了新的任务：在午后散步的时候去小竹林巡逻，因为那是其他班级最可能去小竹林的时间段；值日生不但要提醒小朋友们保护竹笋，还要在有空时清理竹笋周围的杂草。这项工作虽然任务较重，但却是每天做值日的小朋友最

竹笋的保护

抢手的一个选择。

幼儿园也支持着孩子们的护笋行动，为了尽量减少竹笋虫给竹笋带来的危害，我们专门请来了有经验的花工在小竹林里喷洒药水。利用这个机会，孩子们还向花工请教了一些关于竹笋和竹子的问题。

可新："花工爷爷，竹笋要多久才能长成竹子啊？"

花工："像这种青竹属于小型竹，长得快，大概二十多天就能长成竹子了。"

顺鑫："爷爷，竹笋变成竹子以后能活多久啊？"

花工："哦，那个不一定，有的能活三四十年，活得长的能活一百多年呢！"

孩子们惊叹不已，这是当初做"竹子"主题时没关注到的内容。后来孩子们陆陆续续又带来一些收集到的资料和书籍，大家对竹笋的了解越来越多。

竹笋的保护

幼儿的经验与学习

幼儿由痛惜死去的竹笋，引发"护笋大行动"。幼儿自己制作护笋保护牌，走进弟弟妹妹的班级去宣传竹笋保护知识，每天有专人去巡逻、积极保护竹笋……在护笋行动中，幼儿认真地执行了自己制订的计划，知道生命来之不易，要珍惜、爱护竹笋。他们对竹笋的热情及为保护竹笋付出的努力，超乎了教师的想象，教师们也通过这样的方式将获得的经验在全园推广和辐射。

教师的思考与支持

在幼儿遇到失去竹笋朋友的挫折时，教师与幼儿共情，保护了幼儿对竹笋产生的同情心，并把幼儿的负面情绪引导到正面的保护竹笋的行动中。当教师的知识储备不够时，书本、网络、专业人士为活动的开展提供了经验资源，为幼儿学习提供支持。在竹笋的保护活动中，幼儿也初步了解了园艺工人的工作，并表现出尊重，知道要珍惜别人的劳动成果。在家庭、社区、幼儿园三方的共同支持下，幼儿的护笋行动范围扩大了，带动了整个幼儿园的幼儿和教师投入护笋的行动里。

寻找竹笋的根

一、接下来研究什么

竹笋的观察研究已经持续了两周半,不少孩子的竹笋朋友已经长得伸长手臂都够不着了。有一天,修铭带来了一份网上收集来的竹笋资料,内容涵盖了这段时间孩子们研究的几个关键问题,如:竹笋的节数是否会增长;竹笋一天能长多高;竹笋是否需要阳光;竹笋的死亡原因;竹笋的营养从哪里来;竹笋的全部生长过程。修铭请老师将资料念给全班小朋友听,孩子们一边听一边异常兴奋,因为他们发现有很多内容和自己的猜测或发现是一样的。

念完了资料,老师问孩子们:"关于竹笋,你们还想知道什么?"孩子们安静下来,看起来很多人都在认真思考,过了两分钟,佳宜站了起来。

佳宜:"我想知道竹笋到底是怎么从土里长出来的。"

老师:"你的意思是想知道竹笋在泥土里面的时候是什么样子的吗?"

佳宜:"嗯,是的。"

修铭:"我爸爸说竹笋在土里的时候是长在竹子的地下茎上面的。"

佳宜："地下茎是什么啊？"

修铭想了想："我觉得是竹子的根吧。我也没见过。"

老师："那你们想亲眼看一看吗？"

孩子们兴奋地拍起手来，大叫着："想！"

老师："那我们该做什么呢？"

小海："我们去把泥土挖开看一看。"

佳宜："老师，这样做可以吗？会不会破坏竹笋啊？"

老师："如果我们方法正确又很小心，应该不会破坏竹笋的。"

考虑到大家如果集体去挖会给小竹林造成伤害，于是孩子们约定好分成五个研究小组，在老师的带领下分批去小竹林挑选合适的地方挖开泥土，将研究结果用相机拍下来带回班级和大家分享。

二、寻找挖土的工具

第一批研究小组成立后，孩子们围坐在一起讨论的第一件事就是"我们用什么把泥土挖开"。

球球："我们班种植园地有一把小铲子，我看过黄老师（保育老师）用铲子挖土，我去跟黄老师借。"

小辰："隔壁班的种植园地也有小铲子。"

佳宜："我可以拿沙土区的挖沙工具，又有铲子又有耙子。"

球球："那个是塑料的，能挖土吗？"

佳宜："塑料的会不会把竹笋挖坏啊？"

简单的讨论后，五个孩子分头去寻找工具，小辰和小如结伴去了隔壁班借工具；球球去找黄老师借铲子；佳宜和顺鑫从沙土区找到了塑料铲子和耙子。每个人都有工具之后，大家都带上自己的相机去了小竹林。

三、挖开泥土看一看

孩子们进了竹林后开始寻找从哪里下手挖土，地上的小竹笋已经不太多了，孩子们转来转去总是下不了决心，担心把土挖开会弄伤竹笋。这时顺鑫发现一棵竹子附近有一个烂了的竹笋，竹笋上部已经完全空了，但下面根部还没有完全烂掉，于是孩子们决定就从这个死掉的竹笋周围开始挖。

几铲子下去，佳宜就感受到铁铲子和塑料铲的不同。

佳宜："塑料铲子确实挖不动土，你们用铁铲子挖吧，我帮你们把挖出来的土拨到旁边。"

顺鑫拿的是塑料耙："那我就用耙子把地上的叶子都耙开，你们就更好挖了。"

几个人配合着挖了一会儿，烂竹笋周围的土里露出了许多细细的根。

球球："快看，这就是竹子的根，好多根呀！"

顺鑫:"这个竹笋的根和竹子是连在一起的。"

老师:"连在一起的根是什么样子的?"

顺鑫:"有两条根稍微粗一点,直一点,和竹笋连着,上面有好多细的小根。"

老师:"原来竹笋和竹子真的是被根连在一起的,那你们猜这个竹子和这个竹笋是什么关系呢?"

小如:"这个竹子是这个竹笋的妈妈。"

老师:"嗯,所以这个竹子可能就是修铭带来的资料里说到的母竹哦!"

突然球球叫了一声:"呀!我不小心把这个烂竹笋挖断了。"

球球用铲子铲起断掉的竹笋拿给大家看。

小辰:"虫子,烂竹笋里有好多小虫子。"

小如："我们发现真的竹笋虫啦！"

老师："这真是一个不错的发现，竹笋虫是什么样子的呢？"

胆大的球球用手捏起一条虫子放在铲子上让大家看得更清楚。

小如："这个虫子好像死了，一动也不动。"

球球："它好像和其他虫子不一样，我看到有几条虫子是白色的，我一碰就钻到里面去了，它不动，而且颜色是黄色的。"

顺鑫："我知道了，这个是蛹，就像蚕宝宝会变成蛹再变成蚕蛾一样，它再长大就有翅膀了。"

小如："难怪这里有好多飞来飞去的小虫子，肯定是这种蛹变的。"

孩子们欣喜不已，顺鑫用铲子去切断掉的烂竹笋，又看到好多白色的竹笋虫，还有一些黄色的蛹。

大家连忙拿出相机抢着拍照："带回去给小朋友们看，他们肯定很高兴。"

发现虫子之后，孩子们又更起劲地挖，把挖土的范围扩大到母竹的周围，很快又有了新发现。

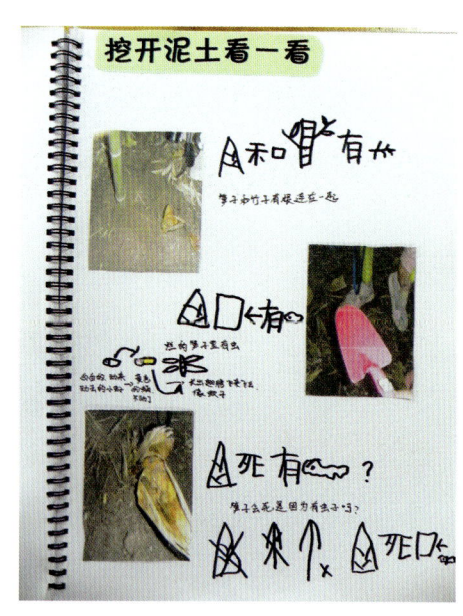

小辰："土下面有小竹笋，特别小的小竹笋，好可爱啊！"

老师："这就是竹笋没有长出土之前的样子啊！"

佳宜："它还这么小，上面有那么多土，它要很用劲才能钻出土来吧，小竹笋好厉害哦！"

小如："那我们再帮他把土挖开一些他就容易长出来了吧。"

老师："我觉得或许就让他保持原样才最好哦！因为其他竹笋都是从这么小的时候慢慢靠自己的努力钻出泥土的，我们要相信小竹笋。"

球球："小竹笋真勇敢，我给他竖大拇指！"

孩子们又轻轻把土拨回原处，小心地把小竹笋盖上，然后换了一个方向继续挖。

几分钟后，球球又有新发现了。

球球："我挖出来一条绿色的根，看起来和竹子好像哦，上面也是一节一节的。"

老师："你仔细看看你说的绿色的根节上面有什么？"

球球："根节上面也有好多细细的根，看起来和土里的根一样。"

顺鑫："这个说不定就是地下茎吧，我们真的找到地下茎了吗？"

老师："我看是的哦！资料上说竹笋就是从地下茎上萌发出来的呢！"

孩子们顺着这根地下茎又挖了几下，果然又发现了一个没有冒出土的小竹笋。回到班级，研究小组在老师的帮助下整理清楚挖开泥土的所有发现，把拍下的照片给全班小朋友看，还相互补充着把发现的全过程都讲给了小朋友听，没去的小朋友都羡慕不已，一个个摩拳擦掌恨不得立刻就轮到自己去挖。

之后又有四个研究小组去探索泥土下的竹笋，孩子们陆陆续续发现了根的种类和不同结构，知道了不是所有小竹笋都能顺利出土，有的在泥土里就已经烂掉了。他们还发现小竹林里还有更多种类的虫子，甚至找到了几个蚂蚁洞。

幼儿的经验与学习

当对竹笋的认识进入一定阶段后,幼儿能依据之前的探索经验主动发起新的探索活动——挖开泥土观察笋根,并寻找适宜的工具实现自己的探究想法,并在挖泥土的过程中探索不同材质的工具在挖土时的不同作用。对于挖掘,孩子们兴趣浓厚,在泥土中的每一处细小发现都是新的经验,在探索中进一步发现竹笋的生存环境,知道泥土中竹笋根的形态,观察到竹子的地下茎……他们对于竹林的了解更加透彻了。

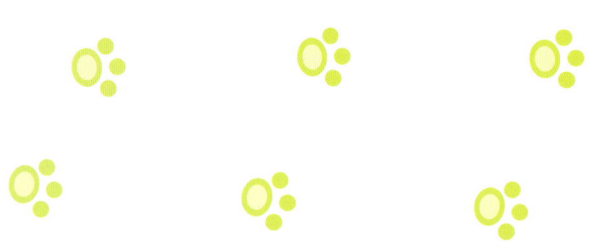

教师的思考与支持

幼儿的探究是离不开亲身体验的，想知道竹笋在泥土里的样子，光靠说和猜远远不够，幼儿需要现场、需要工具、需要亲手挖开泥土寻找真相。教师支持幼儿充分利用环境资源，将挖开土找笋根的想法大胆付诸实践；鼓励幼儿勇敢地打破班级间的界限，利用各种能找到的工具为自己的探索活动提供服务。

教师在参与幼儿自主探究的过程中担当着支持者和引导者的角色，不断鼓励幼儿动手动脑寻找答案或解决问题，对幼儿的发现表示赞赏，支持幼儿通过深入探究来丰富他们的经验，但并不干涉幼儿自己提问和探究过程。幼儿由此得来的答案是自己的经验，教师再引导他们与同伴交流分享，能更好地促使幼儿回顾自己的探究过程，习得科学探究的方法。

尾声：竹笋真的长成竹子啦

一、对生命和成长的感悟

小竹林里的竹笋长得真的很快，脱下笋皮，长成竹杆，颜色从深咖啡色变成青绿色，孩子们从低着头观察到仰着头看，保持着每周做两次观察记录。孩子们爱着竹笋朋友，对竹笋、竹子特别感兴趣，一说起竹笋就滔滔不绝，放学时也舍不得离开幼儿园，非要拖着家长一起去竹林看望自己的竹笋朋友。还有的孩子一到双休日就主动要父母带他去图书馆、去书店看关于竹子的书。

日子一天天过去，快到六月的时候，很多孩子的竹笋朋友已经变成高高的竹子了。可惜的是，也有大概一半孩子的竹笋朋友没有长成竹子，由于种

种原因不幸夭折。老师告诉失去竹笋朋友的孩子,死去的竹笋并没有完全消失,只是换了一种形态回归到了泥土里,变成养分让它的兄弟姐妹长得更加健壮。孩子们似懂非懂,但是这不要紧,因为这就是大自然给所有孩子上的生动的一课,生与死是相对的,因为有死亡,才显出生命是多么的珍贵。

二、和竹子朋友告别

六月,是毕业季,孩子们开始投入毕业季的各项活动,去小竹林的时间越来越少了,但他们仍时常把那片竹林挂在心上,抽空就要去竹林里走走看看,流连忘返。在拍摄毕业照时,有的孩子提出要和竹子朋友合影留念作为告别。大家和竹子朋友深情拥抱、亲吻,为"竹笋的故事"画上了一个美丽的句号。孩子们和老师约定,等上了小学,明年的五月,新的竹笋出土的时候,一定还要再回来看看。

"老师,我好舍不得离开幼儿园呀!我会很想很想你的,我也永远不会忘记我的竹竹的!"竹笋的故事真的结束了吗?也许,并没有呢!

由于活动接近毕业季,孩子们对笋皮的利用、根的观察没有时间进行深入的探究,有条件的幼儿园,可以充分挖掘这方面的资源。

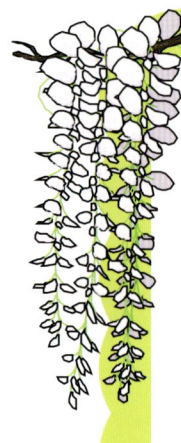

086　笋儿尖尖

后记

一、发现资源的价值

"竹笋成长记"的探究开始于一个春天,孩子们以饱满的热情,投入到历经两个月的户外观察活动中。是什么力量让孩子们持续探究了那么久?我想,参与见证一个生命的诞生、成长和死亡,这个过程本身也许就是答案。生命的力量,最为强大,也最为动人。孩子们走进自然,贴近生命,在环境里、行动中获得经验,这一切追根究底,离不开资源。幼儿园的小竹林,静静地矗立在那里,没有孩子时,它只是园中一隅小景,孩子们走进去,它就成了一座天然的学习宝库。孩子们在其中散步、嬉闹、玩耍、观察、探究,小竹林里的一切就变成了课程资源,产生了教育价值。

教师的视线和孩子在一起时,最容易看到资源的价值。小竹林里竹子多,孩子们的视线落在碧绿的竹子上,我们就有了"幼儿园的小竹林"这一主题活动。竹子研究完了,低头看,竹笋冒出来了,我们就观察研究竹笋,仔细地把竹笋里里外外研究一遍;竹笋长高了,我们就去发现它的生长规律;竹笋死了,我们就向周围看看,找找原因,挖开泥土,研究竹笋生存的环境,发现藏在泥土里的秘密;竹笋长成新的竹子了,我们就拥抱它们,留下许多生命的感悟。这一切,是那么的自然。

二、幼儿的收获

孩子们陪伴着竹笋朋友一起成长，见证了竹笋完整的生长过程。孩子们与竹笋进行了一系列的互动，在观察与探索的行动中，资源转化为孩子的经验。

第一，他们学会了多感官参与探究，除了看一看、摸一摸、闻一闻，还有听一听、剥一剥、挖一挖……孩子与生俱来的好奇心，引领着他们从外到里，从上到下，从小到大，从粗浅到精细，有序地获得关于竹笋的知识经验。

第二，孩子们习得了科学探究的方法。对竹笋的发现不断带来新的问题，问题引发猜测，有了猜测就需要不断去思考、去辩论、去调查、去测量、去向专家求证；有了困难就与同伴合作解决；想知道答案就积极主动地收集信息。在持续的发现后，孩子们了解到记录是收集、处理信息的有力工具，于是创造性地用生活中的各种材料，通过图画、数字、图表、符号的方式，给自己记录的信息赋予独特的价值，得出的结论也乐于与所有人分享。

第三，孩子们在探究中释放情感。竹笋破土而出，他们惊喜、好奇；竹笋长大了，他们兴奋、惊叹、期待；竹笋死了，他们困惑、沮丧、失落；竹笋长成竹子了，他们喜悦、满足；要离开了，他们依依不舍。他们对竹笋的爱，对竹笋的了解，使得他们说起竹笋就滔滔不绝，能随时随地与同伴、教师、家长交流、表述竹笋的成长经历及自己的发现。他们知道了不是每一个诞生的生命都能顺利成长，有生就有死，感知生死，才能更加珍惜生命。幼儿园的小竹林是孩子们学会尊重生命、爱护环境的课堂，竹笋朋友，把爱的情感深深地印刻在孩子们的脑海里。

三、给教师的启示

在这样一个温暖的春天接近尾声之际,教师非常有幸地走进竹笋成长的故事里,和孩子们一起来发现小竹林中竹笋的秘密,一起感知、探究、惊喜、惊讶……在这段发现之旅中,教师觉得最重要的事,就是与孩子们"在一起",与孩子的视线相连,情感相依,坚定地、持续地支持孩子。自始至终,教师尝试着和孩子们建立了一种"问题互动式"的默契,有问有答,有研有究,有思有想,有做有得。尊重孩子的想法和观点,创造条件支持他们寻找问题的答案。

另外,教师的好奇心和探究热情能够感染和带动孩子的热情和积极性。教师知道,小竹林里的一笋一竹、一虫一土都是孩子们探索的资源,不能轻易放过每一个深入探究的机会,要做孩子们的探究伙伴和榜样。孩子们提出的每一个问题,教师要认真倾听,积极回应,有时一个肯定的微笑,一个发自内心的鼓励就能支持孩子探究下去。孩子有了发现,教师要能低下身去,和他们一起趴在地上认真研究,和他们一起发出惊叹的声音。"走吧,我们一起去看看!""咦?为什么会这样?""我是这样想的,你呢?""我们要怎么做?试试看吧!"这些话语,总能得到孩子积极的回应。

探究中的每一次讨论都是一个经验获得的关键场景。孩子在表达,在动脑筋,教师更要思考,及时抓住他们对话中的关键因素,帮助他们梳理逻辑关系,适时提出引导性的问题,才能促进新经验的形成。孩子们记录自己的发现,教师更需要认真记录下每一个小活动中孩子说了什么,做了什么,有什么问题;在活动后根据《指南》分析其中的关键经验,这是很不容易的事情,经常需要去求助其他有经验的教师,大家一起思考、讨论,理清思路,才能更好地指导孩子下一步的探究,实现经验的深化。

幼儿园的小竹林里留下了许多动人的故事,孩子们虽然离开了幼儿园,但他们和竹笋在一起的点点滴滴至今仍深深印刻在教师和孩子们的脑海里。教师相信孩子们与竹笋朋友的故事就留在那一棵棵高耸的竹子上,留在那一片青葱翠绿的竹林间,也留给了正在小竹林里玩耍探索的弟弟妹妹们。你听:"老师,小竹林里的竹笋什么时候才会长出来呀?"我想,来年的春天,弟弟妹妹们和小竹笋的故事,又要开始了……

特别感谢匡莉老师和陆晓民老师在书稿的写作过程中给予的指导和帮助。

丛书主编 虞永平 张斌 副主编 沈文嫣

笋儿尖尖

南京市太平巷幼儿园

杨洋 胡思彤 著

南京师范大学出版社

图书在版编目（CIP）数据

笋儿尖尖 / 杨洋，胡思彤著 . -- 南京：南京师范大学出版社，2020.7
（从课程资源到儿童经验丛书 / 虞永平，张斌主编）
ISBN 978-7-5651-4680-0

Ⅰ. ①笋… Ⅱ. ①杨… ②胡… Ⅲ. ①活动课程 – 学前教育 – 教学参考资料 Ⅳ. ① G613.7

中国版本图书馆 CIP 数据核字（2020）第 124280 号

书　　名	笋儿尖尖
丛 书 名	从课程资源到儿童经验丛书
作　　者	杨　洋　胡思彤
丛书主编	虞永平　张　斌
副 主 编	沈文嫣
策划编辑	万　斌
责任编辑	张　莉
出版发行	南京师范大学出版社
地　　址	江苏省南京市玄武区后宰门西村 9 号（邮编：210016）
电　　话	（025）83598919（总编办）　83598412（营销部）　83598312（邮购部）
网　　址	http://press.njnu.edu.cn
电子信箱	nspzbb@njnu.edu.cn
照　　排	南京凯建文化发展有限公司
印　　刷	江阴金马印刷有限公司
开　　本	889 毫米 ×1194 毫米　1/20
印　　张	5
字　　数	95 千
版　　次	2020 年 7 月第 1 版　2020 年 7 月第 1 次印刷
书　　号	ISBN 978-7-5651-4680-0
定　　价	48.00 元
出 版 人	张志刚

南京师大版图书若有印装问题请与销售商调换
版权所有　侵犯必究

总　序

"从课程资源到儿童经验丛书"是我们在"幼儿园课程资源丛书"的基础上,对"课程资源的开发与利用"这一看似老生常谈的话题的延续和提升。

说延续,是因为在与众多幼儿园进行课程研究的过程中,我们深感幼儿园面临一个共同的问题——支撑课程运行要依靠什么?我们发现,答案是资源。今天,越来越多的幼儿教育工作者已经逐步形成了课程资源意识,搜集、整理、发掘和利用课程资源成为幼儿园课程建设工作的关键动作。然而,要让课程真正有效地促动幼儿的发展,"物质"形态的课程必须最终转化为"精神"形态的幼儿经验,就是要引导幼儿利用资源"学习"起来。因此,对于某一类型的课程资源整体化的研究就显得宽度有余而深度不足了,有必要继续对"如何用好资源"这个话题进行具体深入、丝丝入扣、关注过程的研究。

说提升,是因为丛书意图以小见大、举一反三,通过向广大读者生动讲述幼儿园利用某一具体课程资源的真实故事,呈现相对完整的幼儿经验建构的历程,帮助大家戴上通过"活动行为"看到"儿童经验"的眼镜,从而在"能用资源组织幼儿活动"的阶梯上更上一层,达到"借助资源有意识地促成幼儿发展"的水平。

基于此,丛书两年多来的筹备并不仅仅是一个写作的历程,更是我们与众多作者进行协同研究的过程。其间,一些关乎课程资源利用的原则和策略逐渐浮出或被反复提及,这里择其重点与读者们分享。

一是要坚持"让幼儿行动",构建真实的课程。经验产生于主体与外部世界的相互作用,通俗地说就是只有支持幼儿拿资源"做事",才有可能将课程资源转化为儿童的经验。"做事"会给幼儿带来一连串充满疑问、挑战、机会、兴奋、惊喜、沮丧、等待、满足、失落等等的体验,带来高品质的学习。要践行这个原则,请教师务必多动脑少动手,把"做事"的机会归还给幼儿,把课程决策权适度让渡给幼儿。在面对资源的时候,我们建议教师稍微"懒"一点,对于诸如"这个资源可以做什么?""这个资源应该怎么玩?"之类的问题,您不可能也没必要做出完美的设计和回答,而幼儿有意义的经验建构恰恰就蕴含在他们对这些问题的探索和回答中。请和幼儿一起商量,允许他们发表意见,认真、严肃地对待这些意见;请和幼儿一起摸索,与他们在研究某个资源的道路上并肩前行;请和幼儿一起反思,或在活动开展中驻足，或待整个活动结束，带领幼儿回顾活动中的经历、收获、问题、解决方法等。这，亦是对"以幼儿为本"的立场的某种兑现。

二是教师要扮演好几个角色，即资源的提供者、经验的分享者和"麻烦"的制造者。提供资源意味着教师要将资源放置在课程的背景下进行审议，做好大致规划，例如一种资源适合投放在哪个年龄班，什么时候投放，投放多长时间，大概可能做哪些事情，需要何种场地、工具和经验准备等。对教师而言，不少资源是他们并不熟悉的，所以开发与利用资源的过程也是他们探索发现、直面问题、学有所得的过程，这使得教师自然成为与幼儿分享学习经验的伙伴。为了促进幼儿的有效学习，教师还需要借助课程资源为幼儿"制造麻烦"，也就是制造困难、创设问题情境，从而引起幼儿的经验冲突，激起学习动机。

三是要学深学透《3—6 岁儿童学习与发展指南》(以下简称《指南》)，寻找幼儿行动与关键经验之间的关联及逻辑。首先，熟记《指南》对指引教育活动大有裨益，因为只有教师树立目标意识、对关键经验敏感，才能恰当地指导幼儿。其次，要思考幼儿所做的事与《指南》中哪些表现存在联系，依据《指南》分析资源帮助幼儿获得了哪些经验。最后，活动的每一个阶段要进行幼儿经验的总结和整理，尝试理出其经验变化的头绪和过程，这有助于我们进一步理解幼儿经验建构的脉络，从而帮助幼儿实现经验的层层递进、深化、拓展和重组。

对此，丛书创造性地在课程故事记述中着重突出幼儿 2—4 个关键经验的建构过程，并通过"活动脉络图"和"关键经验结构图"架构出幼儿活动的线索和经验建构的线索，以便读者体会课程影响下儿童经验生长无序与有序并存的动态图景。需要强调的是，这种看似清晰的链锁式结构都产生于作者们对活动的回顾与分析，并非预先的设计——否则将违背我们"追随幼儿"的初衷。

丛书的编写得到了全国各地数十家幼儿园的积极响应，得到了南京师范大学出版社的大力支持，特别是原幼教分社万斌总编辑及各位编辑为丛书的出版付出了很多辛劳，在此致以诚挚的感谢！

幼儿园课程研究的道路漫长修远，丛书的出版既是对来时路的回望，更开启了一段新的旅程，等待你我继续携手求索！

虞永平　张斌
2019 年 4 月

目录

- 缘起：小竹林里长竹笋了 001
- 活动脉络图 004
- 关键经验结构图 003
- 找个竹笋做朋友 006
  - 一、给竹笋做标记 006
  - 二、给竹笋朋友起名字 009
- 竹笋长高了吗？ 014
  - 一、听，竹笋破土而出的声音 014
  - 二、给竹笋拍照 022
  - 三、参照物怎么选 023
  - 四、竹笋一天能长多高 028
  - 五、把测量结果记下来 032
  - 六、第二天再量 036
- 竹笋内部的秘密 042
  - 一、剥竹笋 042
  - 二、数笋节 048

- 竹笋的保护 054
  - 一、谁动了我的竹笋 054
  - 二、为什么有的竹笋会死 055
  - 三、护笋的方法 062
  - 四、俊德的竹笋保护记录 066
  - 五、护笋大行动 070

- 寻找竹笋的根 076
  - 一、接下来研究什么 076
  - 二、寻找挖土的工具 077
  - 三、挖开泥土看一看 078

- 尾声：竹笋真的长成竹子啦 084
  - 一、对生命和成长的感悟 084
  - 二、和竹子朋友告别 085

- 后记 087
  - 一、发现资源的价值 087
  - 二、幼儿的收获 088
  - 三、给教师的启示 089

缘起：小竹林里长竹笋了

幼儿园里有一片美丽的小竹林，天气暖和的时候，孩子们经常去小竹林散步，寻找宝贝。4月的一天，连续三天的阴雨过后，孩子们又去散步了。大伙儿还没迈进小竹林，就有眼尖的孩子叫了起来："快看，竹笋出来了！"孩子们立刻围拢了过来："真的耶，好可爱呀！""呀，这里也有呢！"于是，大家开始分散在小竹林里四处寻找，很快就发现石子路旁边、小山坡上、围墙下面到处都是。刚出来的竹笋露着尖尖的笋头，上面还沾着水珠，真是惹人怜爱。那天，孩子们一路走一路数，居然有人数出来四五十个竹笋，数到后来越数越乱，大家发现竹笋多得根本数不清。

回到班级，孩子们还是念念不忘那些竹笋，

笋子出来啦！

围着老师问这问那。"竹笋是怎么长出来的呀？""老师，这些竹笋长大后会和小竹林里的竹子一样吗？""为什么竹笋的颜色和竹子不一样啊？外面这些一层层的是什么呀？""我知道竹子是空心的，还有一节节的，那竹笋里面是什么样的呢？""竹笋这么小，它是怎么长成高高的竹子的呀？"……

中班时，班级的孩子就观察过竹笋，但那时他们只对竹笋的外在特征感兴趣。进入大班后，孩子们关注的点越来越多，为了满足他们对竹笋的兴趣，"竹笋成长记"田野主题活动开始了。围绕着孩子们提出的问题，我们开展了一系列的活动，包含粗浅的植物学常识，初步的测量、统计、数概念，以及对生命成长的情感体验等。尽管研究时快时慢、时进时退，不时发生着各种小插曲，但老师始终支持着孩子的研究，为孩子们的自主探索提供支持。

缘起：小竹林里长竹笋了

活动脉络图

找个竹笋做朋友
- 给竹笋朋友起名字
- 给竹笋做标记

竹笋长高了吗?
- 第二天再量
- 把测量结果记下来
- 竹笋一天能长多高
- 参照物怎么选
- 给竹笋拍照
- 听,竹笋破土而出的声音

竹笋内部的秘密
- 数笋节
- 剥竹笋

竹笋的保护
- 护笋大行动
- 俊德的竹笋保护记录
- 护笋的方法
- 为什么有的竹笋会死
- 谁动了我的竹笋

寻找竹笋的根
- 挖开泥土看一看
- 寻找挖土的工具
- 接下来研究什么

关键经验结构图

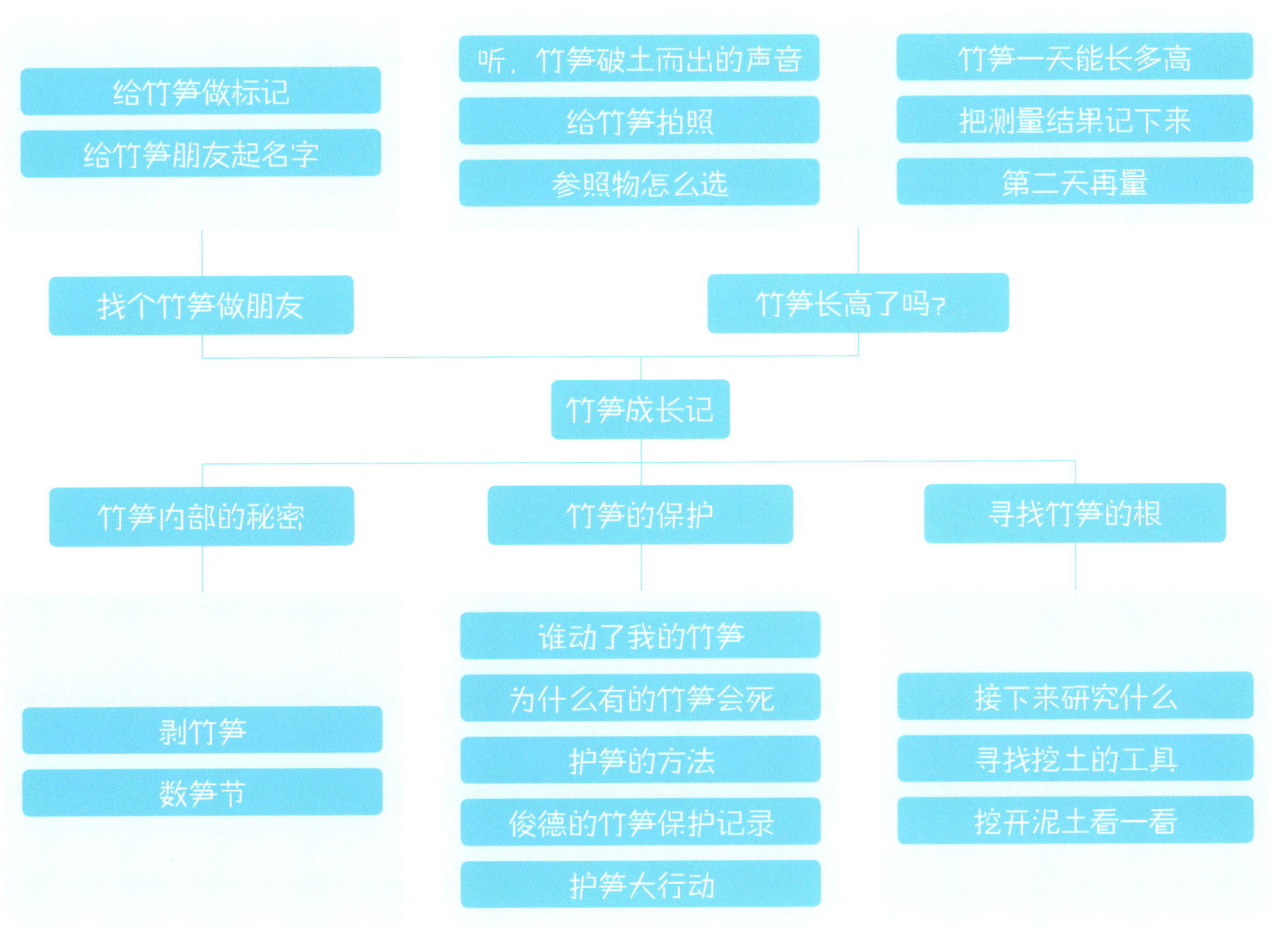

找个竹笋做朋友

孩子们最想知道竹笋是怎么长成竹子的，这是一个持续观察的过程，因为之前在自然角有过多次观察自己种植的植物朋友成长的经验，因此孩子们最先想到"要找个我的竹笋"做观察，很快他们就按自己的喜好认定了"我的竹笋朋友"。

一、给竹笋做标记

老师："明天我们再过来看竹笋，你们能记住自己的竹笋朋友在哪里吗？"

雨泽："能！我的竹笋朋友就在围墙边上，旁边还有一棵竹子呢！"

也有的孩子摇摇头，并表示要再去确认一下位置。

老师:"除了记住位置,还有没有什么更好的方法?"

球球想了想:"我们可以做个标记。"他找了根小树枝插进竹笋旁边的泥土里。

孩子们觉得做标记的方法不错,于是他们在小竹林里寻找可以做标记的东西。有的在竹笋边上放几块垒起来的小石块,有的用树枝在泥土上画了几道线。

佳宜回到班里找来了美工区的红丝带,想给她的竹笋朋友系个蝴蝶结,她的做法引得孩子们纷纷效仿。

佳宜第一个系好,她把丝带系在了竹笋的尖尖上,还提醒小如:"你不要系得太紧,不然竹笋的血液就流不到全身了。"

小如:"竹笋才没有血呢,它的身体里是水,都是从土里吸出来的水。"小如把丝带系在了竹笋根部贴近

泥土的地方。

老师："我发现你们两个系的位置不一样呢！你们是怎么想的？"

佳宜："系在尖尖好，这样不会勒到竹笋，而且我一眼就能看到它。"

小如："可是竹笋会长大呀！它长成竹子的时候，那个丝带不就到天上去了？"

佳宜想了想觉得挺有道理，就把自己的丝带解开重新系在了竹笋的根部，一边系一边说："一定不能系太紧，不然它长大了会觉得太勒了。"

其他几个孩子也都把丝带系在了竹笋根部。佳宜说："糟了，那我们的标记不都一样了？"

小辰说："那我们再插个自己的姓名牌就不会搞错了，就像我们每个人种的大蒜一样！"

孩子们觉得这个主意太棒了，于是一起回到班级准备动手制作姓名牌。